GEORG MOSER

AUS UNSERER MITTE

Schwabenverlag

Ostfildern bei Stuttgart
Herstellung: Schwabenverlag

ISBN 3-7966-0666-0

Zu diesem Buch

Kurz vor seinem Tode hat Bischof Dr. Georg Moser zwei Schriften verfaßt, die unser Christsein in grundlegenden Gedanken festhalten.
Die eine Schrift behandelt die 1987 seliggesprochenen Rupert Mayer, Ulrika Nisch und Edith Stein, die andere wendet sich an die Priester seiner Diözese.
»Aus unserer Mitte« - dies ist der Titel, den der verstorbene Bischof dem Büchlein gegeben hat, in dem er das Leben und das Glaubenszeugnis der Seligen darstellt. Bischof Georg sollte sein Erscheinen nicht mehr erleben. Der Titel wurde für seinen Lebensweg in einem neuen Sinn wahr: Der Bischof der Diözese Rottenburg-Stuttgart wurde »aus unserer Mitte« genommen, zu früh, zu plötzlich, auch wenn wir alle von seiner schweren Krankheit wußten. Wir kannten ihn als einen von uns, der sich als »aus unserer Mitte« lebend verstand.
Zum ehrenden Gedenken und zur bleibenden Erinnerung an einen großen Bischof unserer Diözese haben wir uns entschlossen, diese Gedanken über die drei Seligen zusammen mit dem »Brief an die Priester« zu veröffentlichen. Sie können als Vermächtnis an uns alle verstanden werden, für Priester und Laien. Die Seligen haben in ihrem Leben und Sterben die Treue zum Wort des Herrn bezeugt, das dem Brief an die Priester vorangestellt wurde: »Bleibt in mir, dann bleibe ich in euch« (Joh 15,4).
Wir wünschen allen, die dieses Buch in Erinnerung an Bischof Dr. Georg Moser lesen, jene hoffnungsvolle Erfahrung, von der der Verstorbene beseelt war: » . . . und denkt daran, daß im Herrn eure Mühe nicht vergeblich ist« (1 Kor 15,58).

Inhalt

Rupert Mayer – Ulrika Nisch – Edith Stein

Zum Geleit

Aus unserer Mitte stammen sie: Pater Rupert Mayer SJ (1876–1945), Schwester Ulrika Nisch (1882–1913) und Edith Stein (Sr. Teresia Benedicta a Cruce, 1891–1942), drei 1987 Seliggesprochene. Sie waren Zeitgenossen, wenn auch Pater Rupert Mayer fast siebzig Jahre alt wurde, während Schwester Ulrika Nisch bereits mit einunddreißig Jahren sterben mußte, Edith Stein mit einundfünfzig. Sie, die sich wohl nie begegneten, sind uns nicht entrückt und fremd. Fast alle haben wir noch Menschen ihres Jahrgangs gekannt: vielleicht sogar als Eltern oder Großeltern, als Onkel und Tanten. Und wer war noch nie in Stuttgart, Spaichingen oder München? Auch Biberach, Baden-Baden und Hegne sind vielen bekannt. An diesen Orten wurden Pater Rupert Mayer und Ulrika Nisch geboren und getauft, hier lebten und arbeiteten sie. Edith Stein, die nicht direkt mit unserer Diözese verbunden ist, hat sich auch öfter im Süden Deutschlands aufgehalten: in Freiburg und Beuron. An Orten, die auch wir kennen, wuchsen diese großen Gestalten heran, im Kreise ihrer Eltern und Geschwister. Ihren Lehrern und Seelsorgern waren sie zur Erziehung mitanvertraut. Die Liebe zu Christus und seiner Kirche wurde ihnen ins Herz gesenkt, keimte auf und entfaltete sich in je persönlicher Weise. Denn die soziale Herkunft der drei Seligen war unvergleichbar, weit auseinander klaffte auch ihre Ausbildung. Sogar die einende Klammer des Ordensberufs führte alle drei in ganz verschiedene Wirkungsfelder. Ulrika Nisch wird als Küchenschwester zur Mystikerin in der Verborgenheit. Rupert Mayer kämpft als zupackender Seelsorger und furchtloser Prediger. Edith Stein, Philosophin und Dozentin jüdischer Herkunft, findet von der Wissenschaft zu Gott. Das Leben all dieser Zeugen vollendet sich im Leiden: in den seelischen Qualen und körperlichen Schmerzen Schwester Ulrikas, im Verbot öffentlichen Wirkens, der Inhaftierung und jahrelangen Verbannung Rupert Mayers wie auch im Schicksal Edith Steins, die bald nach ihrem Eintritt in den Kölner Karmel in die Fänge des nationalsozialistischen Terrorregimes gerät. Ihr irdischer Weg verliert und vollendet sich zugleich in den Gaskammern von Auschwitz. Wiederum gemeinsam ist ihnen: nach ihrem Heimgang werden sie nicht vergessen, ja vielleicht beginnt erst jetzt ihre Zeit. Täglich pilgern zahllose Menschen zu den erhaltenen Gräbern – auf dem Klosterfriedhof Hegne, in der Krypta der Bürgersaalkirche zu München. Nie sind diese Heiligen aus unserer Mitte verstummt. Eindringlich spricht ihr Leben. Denn die Aufgaben, die sie zu bewältigen hatten, spielen sich ab in einer Zeit und unter Verhältnissen, die auch uns noch nicht gänzlich entrückt sind.

Aus unserer Mitte stammen sie. Von neuem geboren aus Wasser und Geist (vgl. Joh 3,3.5) wie auch wir, waren sie in beispielhafter Weise willens und fähig, »die Länge und Breite, die Höhe und Tiefe zu ermessen und die Liebe Christi zu verstehen, die alle Erkenntnis übersteigt« (Eph 3,18). Ganz folgten sie dem Ruf des heiligen Gottes, willig übereigneten sie sich seiner Gnade, unwiderruflich ließen sie sich in Pflicht nehmen: »Seid heilig, denn ich, der Herr, eurer Gott, bin heilig« (Lev 19,2).

So sind sie, Menschen aus unserer Mitte, ein besonderes Zeichen für uns: leibhaftiger, Gestalt gewordener Anruf von dem her, der uns allen an seinem Leben, seiner

Freundschaft und Güte reichen Anteil schenken will. Keinem dieser Seligen war ein nach menschlichen Maßstäben leichtes Leben beschieden. Dennoch bewahrheiten sie, allem Widrigen und Entmutigenden entgegen, den Satz: »Der Mensch ist eine Sprache, in die Gott übersetzt werden kann« (Romano Guardini).

Ich möchte Sie einladen, sich in den folgenden meditativen Lebensbeschreibungen die Gestalten Pater Rupert Mayers und der Schwestern Ulrika Nisch und Edith Stein erneut vor Augen zu führen. Ihr Leben und ihre Worte, ihr Schicksal und ihr gläubig getragenes Leid sind uns Anlaß zu tiefem Dank, ja zur Verehrung dieser Berufenen. Dankbar sind wir vor allem Gott selber. Er, der wunderbar ist in seinen Heiligen, sorgt dafür, daß keiner von uns seinen Weg zu ihm mutterseelenallein suchen und zurücklegen muß. Reichen Ansporn und mutmachendes Beispiel finden wir in der Communio der Kirche. In Vergangenheit und Gegenwart ist sie wesentlich Gemeinschaft am Heiligen und Gemeinschaft der Heiligen.

»Ein lebendiges Buch ist das Leben der Guten«, heißt es bei Papst Gregor dem Großen. Unsere drei Seligen haben durch ihr Christuszeugnis diesem lebendigen Buch einige Blätter hinzugefügt. Lesen wir sie! Nehmen wir die Begebenheiten aus dem Leben dieser Zeugen wahr, nehmen wir ihr helfendes, wegweisendes und im besten Sinne nährendes Wort in uns auf! Lassen wir uns wachrütteln, damit die ursprüngliche Glut des Glaubens auch in uns wieder brenne und leuchte. Die Heiligen liefern nicht bloß fromme Geschichten für kleine Leute. Sie bilden die Vorhut, sind Pioniere und Fackelträger auf dem Weg, den auch wir zu gehen haben, um zu unserer ewigen Bestimmung zu gelangen.

Ein Wort der Verdeutlichung mag noch angebracht sein. Die drei Seligen sind sämtlich Christen, die sich das

Ordensleben als Daseinsform erwählten. Manchen Zeitgenossen erschwert dies zunächst den Zugang zu ihrer Botschaft. Der vor kurzem verstorbene evangelische Theologe Walter Nigg, der durch seine Schriften unzähligen Menschen die Welt der Heiligen erschlossen hat, faßt solche Vorbehalte einmal in den provokativen Fragen zusammen: »Kann einen eine Nonne geistig ernsthaft interessieren? Eine Klosterfrau, wie man ihr zuweilen im Eisenbahnwagen begegnet, die mit gesenkten Augenlidern dasitzt, in ein Gebetbüchlein schaut, neben sich ein vorsintflutliches Köfferchen mit altmodischem Regenschirm? Was kann eine solche Frau erlebt haben, mit dem zu beschäftigen es sich lohnt?« Doch solch eine Klischeevorstellung wird niemandem gerecht, weder unseren Seligen noch den Ordensleuten damals und heute. Gerade unsere Seligen würden zudem von sich wegweisen und sagen: Wir haben uns unsere Berufung nicht selbst gegeben. Gott gab sie uns, und er hat Menschen zu Überbringern dieses Rufes werden lassen. Der lebendige Glaube vieler – von Eltern und Geschwistern, von Priestern und Lehrern, von Freunden und Weggenossen – hat uns getragen und weitergeholfen. Unser Weg sonderte uns nicht einfach aus, sondern führte uns in der Freude des Glaubens auch mit anderen zusammen. Vor allem aber haben wir erfahren, daß es sich unendlich lohnt, sich mit dem lebendigen Gott selbst zu befassen.

Sie, die aus unserer Mitte stammen, wollen unter uns weiterwirken, damit auch wir auf unsere je eigene Weise zu der Mitte finden, die uns geschenkt ist: zu Jesus Christus, der »gestern, heute und in Ewigkeit« (Hebr 13,8) derselbe ist.

Dieses Büchlein, das entstanden ist aus Ansprachen, die ich im Seligsprechungsjahr 1987 gehalten habe, soll all denen ein Andenken sein, die anläßlich meines vierzigjährigen Priesterjubiläums und meines fünfundsechzigsten Geburtstags ihre Verbundenheit mit mir ausdrückten. Mein Dank gilt aus diesem Anlaß meinen Mitarbeitern im Bischöflichen Ordinariat, ebenso allen, die mich in meinem Amt über viele Jahre hinweg unterstützt und begleitet haben. Die zahlreichen Glückwünsche, die mich zu diesen beiden Jubiläen erreicht haben, möchte ich mit dieser Schrift dankbar erwidern. Nehmen wir uns die Heiligen zu Herzen, denn sie sind jene Gerechten, »ohne die . . . kein Dorf bestehen kann. Und keine Stadt. Und nicht unser ganzes Land« (Alexander Solschenizyn).

Rottenburg am Neckar, 20. April 1988

Georg Moser
Bischof

Rupert Mayer – ein guter Hirte auch für unsere Zeit

Ich habe einmal einen jungen Mann gefragt: »Willst du ein Heiliger werden?« Er erschrak sichtlich und entgegnete: »Um Gottes willen: nein. Ich möchte lieber ein Mensch bleiben.« Würde dieser junge Mann so geantwortet haben, wenn er Pater Rupert Mayer gekannt hätte? Vielleicht hat er törichte Darstellungen von Heiligen gelesen, die es ja auch gibt. So scheint es mir bedeutsam, daß wir uns an den Heiligen selber und am Stoff ihres Lebens klarmachen, was Heiligsein bedeutet. An Pater Rupert Mayer können wir lernen, wie einer sein ganzes Leben auf Gott und seinen Willen hinordnet, wie der Heilige keine eitlen oder wehleidigen Prozessionen um sich selber veranstaltet, sondern den anderen wahrnimmt, sich für ihn einsetzt und ihm beisteht. Schließlich ist jeder Heilige auch auf je eigene Weise bereit, den hohen Preis des Kreuzes zu zahlen – denn billig ist Heiligkeit nicht zu erreichen.

Unterwegs zur Heiligkeit

Nun fällt kein Heiliger wie eine Sternschnuppe vom Himmel. So blickt der 1876 geborene Rupert Mayer dankbar auf sein Elternhaus am Stuttgarter Marktplatz zurück und erklärt: »Das Elternhaus ist für die Erziehung eines jungen Menschen ausschlaggebend. Freilich gehört nicht bloß dazu, daß die Eltern katholische Grundsätze haben, sondern daß sie dieselben auch vorleben und daß sie auch die Klarheit haben, sie in der richtigen Form vorzubringen.« Zum inneren Werdegang Ruperts gehört weiterhin, daß er in seiner Taufkirche St. Eberhard als Ministrant diente. Mehr und mehr weitete und vertiefte sich das Leben des Schülers und Studenten, weil er sich großmütig Gott anheimgab. Gewiß, immer blieb er Mensch. Aber er wurde zunehmend ein Mensch von Format: ein Mann mit ungetrübtem Blick, einer, der in allen Lebenslagen vertrauensvoll die Hand Gottes ergriff.

In Büchern findet sich die Formel »Helden und Heilige«. Diese Verknüpfung führt gelegentlich zu einseitigen Vorstellungen. Der Heilige erweist sich zwar als heroisch, und seine Tugend muß auch im Seligsprechungsprozeß belegt werden. Und doch ist er gerade nicht das, was wir zumeist unter einem Helden verstehen. Der Held ist, zugespitzt gesagt, ein Mensch des Willens, der Heilige ein Mensch der Gnade. Der Held kämpft für den eigenen Ruhm, während der Heilige sich in der Ganzheit seines Wesens, seines Suchens und Werdens auf Gott hin ausrichtet. Der Heilige wird daher auch nicht um seiner selbst willen verehrt; in der Treue seines Glaubens verweist er ganz auf Gottes Erwählung. Im Studium und der Spaichinger Vikarszeit, als Seelsorger in München und Feldgeistlicher im Ersten Weltkrieg wie als Mitbegründer einer Schwesterngemeinschaft – für Pater Rupert gab es immer nur eins: hinhören, offensein für Gott und den Menschen. »Gott im Herzen und Gott vor Augen«, darin liegt nach Pater Mayers Bekenntnis »der Schlüssel zur Heiligkeit«.

Dabei hatte Rupert Mayer wenig Spektakuläres an sich. Wunderbares aber hat er gewirkt durch seinen Mut und seine Standhaftigkeit im Bekennen des Glaubens, durch sein unverwüstliches Gottvertrauen und durch seine allzeit Versöhnung stiftende Liebe.

Stets war er bemüht, zunächst einmal die ärgste materielle Not der Menschen zu lindern – und davon gab es wahrlich genug. Dem einen half er mit einem Geldschein, dem anderen mit einem Zentner Kohlen, mit einer warmen Mahlzeit oder mit einem Dach über dem Kopf. Unzähligen wurde er zum Retter in höchster Bedrängnis. Unbeirrbar und ohne verdrossen zu werden, half er den Mitmenschen, wo immer er konnte. Wenn man ihm Vorhaltungen machte, seine Hilfsbereitschaft könne mißbraucht werden, entgegnete er: »Wer noch nie ›angeschmiert‹ wurde, der hat auch noch nie etwas Gutes getan.«

Pater Rupert Mayer war jedoch nicht nur darauf bedacht, materielle Not zu lindern, obwohl solche Hilfe für ihn wesentlich zur Sicherung einer menschenwürdigen Existenz gehörte. Noch tiefer quälte ihn die geistige Verarmung und Verelendung der Menschen. Er erkannte den zunehmenden Glaubensverlust und die drohende Loslösung des modernen Menschen von seinem Ursprung: die Entfremdung von Gott und damit auch vom wahren Selbst. Deshalb griff er aktiv in die weltanschaulichen Auseinandersetzungen seiner Zeit ein. Allen totalitären und menschenverachtenden Ideologien hielt er entschieden die Grundsätze des katholischen Glaubens entgegen. Schon in den frühen zwanziger Jahren hat er den Nationalsozialismus entlarvt, als dieser seine antisemitische Fratze ebenso zu zeigen begann wie den Haß gegen Kirche und Christentum. Über seinen Münchner Wirkungskreis hinaus gab Pater Rupert Mayer damit in finsteren Zeiten Tausenden, die verunsichert und verängstigt waren, geistige und geistliche Wegweisung. Er hat den Nazi-Machthabern die Stirn geboten, als diese sich dem Wort Gottes in den Weg stellten. Vielen hat er durch seinen mutigen Widerstand gegen Gottlosigkeit und Menschenverachtung ein Beispiel gegeben und sie damit zum eigenen Bekenntnis ermutigt.

Gottesdienst und Menschendienst

Woher nahm der gesundheitlich eher schwächliche Jesuit seine Kraft für all das, zumal ihm im Jahr 1917 das linke Bein amputiert werden mußte? Bei der Frage nach seinen Lebensquellen stoßen wir sehr bald auf die im Gebet wurzelnde Hingabefähigkeit an den Willen Gottes. Die Vaterunser-Bitte »Dein Wille geschehe« leuchtet wie ein Leitstern über seinem Leben und Handeln. Darum war Rupert Mayer bei aller Zivilcourage weder ein politischer noch ein kirchlicher Querkopf. Ganz im Gegenteil: Er war zu einem tiefen Gehorsam fähig – gegenüber Gott und Gewissen; doch ebenso zum Gehorsam gegenüber seinen Oberen. Eine geradezu unauslotbare Gottesliebe ist der tragende Grund dieses Lebens. Sie ist es, die ihn auf den Nächsten zugehen ließ und seinen Einsatz für Leben und Heil der Mitmenschen bewegt hat. Diese Liebe ließ ihn stets und in allem Gottes Sache zu seiner eigenen machen und um Gottes Willen den Menschen nie vergessen – sei es gelegen oder ungelegen. »Den Priester- und Ordensberuf ergriff ich aus Liebe zu den Menschen«, antwortete Pater Rupert Mayer den Nationalsozialisten. So freute er sich mit den Fröhlichen und weinte mit den

Weinenden, er war für die Armen da und konnte den Reichen zuhören. Die verschiedensten Dienste nahm er bereitwillig auf sich. Seine Schmäher und Verfolger verfluchte er nicht. In unermüdlicher Bereitschaft versuchte er wahrzumachen, was ihm sein Primizprediger Dr. Richard Wahl einst zu Beginn seines priesterlichen Wirkens gewünscht hatte: »Mögen Sie am Ende Ihres Lebens sagen können: Durch meine Schuld ist niemand verloren gegangen. Ich habe mich der Armen und Verlassenen mit besonderer Liebe angenommen . . . Ich habe zu den Kranken meine Schritte gelenkt, sooft ich konnte. Es war mir dabei kein Weg zu weit und keine Stunde zu unbequem bei Tag und bei Nacht. Ich habe die Gnaden ausgespendet, die mir anvertraut waren.«

So trifft auf Pater Rupert Mayer der Satz des bekannten schwedischen Erzbischofs Nathan Söderblom zu: »Heilige sind Menschen, die es einem leichter machen, an Gott zu glauben, denn in den Heiligen wird Gott erfahrbar, wird erfahrbar, daß Gott das strömende und blühende Leben ist.« Auch heute bedürfen wir dieses strömenden, blühenden Lebens. Denn unsere Welt ist kalt geworden. Zweck und Gewinn, Erfolg und Ellbogenmentalität scheinen oft Oberhand zu gewinnen. Der Egoismus und die Selbstentfremdung so vieler Mitmenschen sind uns allen gleicherweise eine Frage und eine Last. Gerade die Heiligen haben die eigenen und noch mehr die fremden Sorgen immer wieder aufs neue der Güte Gottes überantwortet. Bei der Beheimatung der Heimatlosen, im Trösten der Trauernden, im Einsatz für das Wohl wie für das Heil des anderen waren sie Gottes unermüdliche Handlanger. So wurden sie als die großen Liebenden erfahren.

Ungebrochene Standhaftigkeit

In heller Wachsamkeit für die Probleme der Gegenwart nahm auch Rupert Mayer um Gottes und der Menschen willen den Kampf auf, koste es, was es wolle. Als er wegen seiner kompromißlosen Haltung verhaftet war, berichtet er: »Ich bin mit diesem Los. . . keineswegs unzufrieden: ich empfinde dies nicht als Schande, sondern als Krönung meines Lebens.« Und in einem Brief aus dem KZ an seine alte Mutter schreibt er: »Jetzt habe ich wirklich nichts und niemanden mehr als den lieben Gott. Und das ist genug, ja übergenug. Wenn die Menschen das doch einsehen wollten – es gäbe viel mehr Glückliche auf Erden.«

Was steckt da für ein Bewußtsein dahinter, was für eine Haltung! Hier merkt man, wie Pater Rupert geradezu beteuert: Weder die eigene Tüchtigkeit noch vielerlei Aktivitäten verändern letztlich die Welt, sondern Gott und die persönliche Hingabe an ihn. Die Welt verändert nur, wer sich verbrauchen läßt nach dem Willen Gottes, wer teilnimmt am Kreuz Jesu und vor dem Opfer nicht zurückschreckt.

Das Zeugnis im Tod

In begnadetem Mut und geduldiger Tapferkeit bewahrte er diese Haltung bis zum Allerheiligenfest 1945, als ihn während der heiligen Messe ein Gehirnschlag traf. »Es ist der Herr«, rief er in seiner Predigt aus, konnte aber den Satz nicht mehr vollenden, sondern nur noch wiederholen: »der Herr, der Herr«.

»Wer wirklich glaubt«, so schreibt der Tübinger Theologe Walter Kasper, »der trommelt nicht einfach mit dem

Takt der Welt, der heult nicht mit den Wölfen und pfeift nicht nach, was ohnedies die Spatzen von den Dächern pfeifen«. Dies gilt in besonderer Weise für Rupert Mayer, den ersten Rottenburger Priester im Heiligenkalender der Kirche. Was wir an ihm bewundern und was uns zugleich in Pflicht nimmt, ist seine unerschrockene Verkündigung des Evangeliums, sein offenes Herz für die Notleidenden, seine Standfestigkeit im Glauben, seine Bereitschaft zum Opfer und seine immer wieder neu Versöhnung stiftende Liebe. »Niemand soll sagen«, so äußerte er, »Heiligkeit ist zu hoch für mich.« Und gegenüber möglichen Mißverständnissen fügte er hinzu: »Es gehören dazu keine auffallenden Heldentaten, kein besonderes Lebensalter, keine besonderen Verhältnisse und kein todernstes Gesicht.«

Ulrika Nisch:
Kleine Schritte – großer Wert

Immer wieder einmal kann man in der Zeitung die erstaunliche Nachricht von Leuten lesen, die zu ihren Lebzeiten wirkliche Habenichtse waren. Nie haben sie sich etwas geleistet und gegönnt. Nach ihrem Tod aber findet man, irgendwo versteckt, einen großen Reichtum oder entdeckt ein Konto, an dem sich die lachenden Erben bloß so freuen.

Klein nach außen

Diese Kontrastgeschichte fiel mir ein, als ich mich wieder mit dem Lebensweg von Schwester Ulrika Nisch beschäftigte, die am Fest Allerheiligen 1987 vom Heiligen Vater seliggesprochen wurde. Viele unter uns haben miterlebt und gespürt, was da Großes vor sich gegangen war, obwohl es bei ihr zunächst ja nur Kleines und Bescheidenes zu sehen gibt.

Ulrika Nisch wurde 1882 in Mittelbiberach geboren. Das Mädchen wuchs auf in ihrer Familie, eine Zeitlang auch bei ihrer Patentante und der Großmutter. Von früh an mußte sie, wie unzählige Kinder ihrer Generation, für die Geschwister mitsorgen. Nach nur kurzer Schulzeit ging sie sieben Jahre lang »in Stellung«, kochte, putzte und wusch für andere Leute. Reich konnte man dabei nicht werden und berühmt schon gar nicht. Keine Zeitung damals erwähnte sie, und, lebte sie heute, würde sich keine Fernsehkamera auf sie richten. Bescheiden bliebe sie im Hintergrund, in dem sie auch damals die anstrengenden, aufreibenden und oft so grob unterschätzten Tätigkeiten im Haushalt verrichtete – sei es in der »Welt«, sei es im Kloster.

Und doch hinterläßt Ulrika Nisch einen Reichtum ungeahnter Art. Er wurde in den letzten Jahrzehnten von vielen Tausenden von Menschen zunehmend entdeckt. Freilich handelt es sich nicht um äußere Schätze. Von Ulrika Nischs geistigem Reichtum dürfen wir alle zehren, je mehr wir uns diesem Leben und seinem tiefen Geheimnis nähern.

Wachstum

Diese kleine Schwester, die nicht zu den ganz Gesunden, besonders Begabten und Starken gehörte, findet Schritt um Schritt zu einer großen Lebensform. Freundlich und hilfsbereit verbreitet sie eine Atmosphäre um sich, die allen wohltut. Gerühmt wird ihre Liebenswürdigkeit, nicht zuletzt auch ihr Humor. Sie ist keine von denen, die ewig lamentieren, denen nichts gefällt und paßt. Selbst unter großen Belastungen klagt sie nicht, sondern langt zu und packt mit an. Die jungen Frauen, denen sie Haushaltskenntnisse beibringt, lieben sie. Immer mehr ist zu spüren, daß in diesem Menschen besondere Kostbarkeiten heranreifen. Sie wächst zu einer Größe, die trotz innerer und äußerer Bescheidenheit mehr und mehr sichtbar wird. Die Glaubwürdigkeit von Ulrika Nisch strahlt auf ihre ganze Umgebung aus. Mich persönlich spricht besonders das Zeugnis einer Frau mit einer schwer belasteten Vergangenheit an. Sie bekennt: Durch Schwester Ulrika »bekam ich eine neue Seele, ich war wie umgewandelt«. Die einfache Schwester hat die Gabe, mit ihrem Beispiel andere in tiefere Schichten des Menschenlebens hineinzuführen.

Ulrika Nisch versucht niemals krampfhaft, ihr Schicksal umzuschreiben. Sie jagt nicht danach, die ihr geschenkten Talente und Fähigkeiten gegen andere unerreichbare einzutauschen. Ihr Leben faßt sie nicht als einen engen und beängstigenden Käfig auf, denn sie weiß, daß ihr Dasein und Wesen der gütigen Hand ihres himmlischen Vaters entstammen. Er, niemand sonst, wird sie führen und geleiten, sie schulen und prüfen. Ihre Kraft wurzelte in ihrer Familie und wurde gestärkt durch eine kernige Religiosität. Bis heute können wir davon berührt und betroffen sein, was die Erziehung in einer Familie, durch eine Patin oder Großmutter im Leben eines Kindes und eines heranwachsenden Menschen bedeuten und bewirken kann. Am Leben der seligen Ulrika ist dies ablesbar.

Durch die Tiefe ihres Glaubens wurde sie vorangeführt. In ihm war sie offen für das Reich Gottes, das uns geschenkt wird. Dieses Reich nahm sie an, sie erschloß es für sich. In gelassenem Vertrauen baute sie darauf, daß Gott aus dem kleinsten und bescheidensten Leben Großes gestalten kann. In diesem Sinn vollzieht sie den Jubelruf Jesu nach, der im Zusammenhang ihrer Seligsprechung oft genannt wurde: »Ich preise dich, Vater, Herr des Himmels und der Erde, weil du all das den Weisen und Klugen verborgen, den Unmündigen aber offenbart hast« (Mt 11,25). Sie war klein, sie war wirklich ein Kind vor Gott. Doch dürfen wir diese Aussage nicht mißverstehen. Gott will den Menschen nicht klein machen oder klein halten. ›Kind Gottes‹ sein beschreibt weder einen Alterszustand noch eine gesellschaftliche Stellung, sondern drückt aus, wer wir vor Gott sind.

Seit Ulrikas Kindheit fällt auf, wie freudig und unbeirrt sie beten kann. Wo sie auch war und was sie tat, von überall drang der Himmel zu ihr durch. So überrascht es nicht, daß Ulrika Nisch immer mehr »mit den Banden der Liebe« (vgl. Hos 11,4) von Gott angezogen wird. Mit zweiundzwanzig tritt sie der Kongregation der Kreuzschwestern in Hegne bei. Wiederum bezeugt ihre Umgebung, was jeder spürt: Gott selber erfüllt diese Frau vom Grunde ihres Wesens. Vertrauensstark überläßt sie sich ihm. Weder die Arbeit noch die tägliche Pflichterfüllung bedeuten für sie alles. Sie weiß, daß der Mensch letztlich nur leben kann aus dem Quell, der Gott selbst ist.

Das Irdische füllt schließlich niemals ein Menschenherz aus. Wir sind, ob wir es wollen oder nicht, Pilger zum Absoluten. Jedes geringere Ziel strengt zwar weniger an, hinterläßt aber auch ein schaleres Gefühl. Nur Gott kann das Herz, das er auf sich hin geschaffen hat, letztlich reich und glücklich machen. Wer sich nicht auf ihn hin bewegt, verkümmert und verdorrt.

Ulrika Nisch lebt uns vor, daß wir heute eine neue religiöse Flamme brauchen. Ohne Gott geht es nicht. Wie aber könnte ein Aufbau gelingen, wenn die Fundamente selbst zerbrechen und zerbröseln? Ein berühmter Zeitgenosse von Schwester Ulrika, der Philosoph Nietzsche, stellt die Frage: »Was taten wir, als wir diese Erde von ihrer Sonne losketteten? Wohin bewegt sie sich nun? Stürzen wir nicht fortwährend?. . . Kommt nicht immerfort die Nacht und mehr Nacht?«

Den selbstherrlichen Trends, Moden und Errungenschaften ihrer und unserer Zeit stellt Ulrika Nisch, wie so viele von Gott Berufene, ihre Lebensform entgegen. Das erste Gebot der Bibel ist all diesen Menschen Grundsatz und innerste Herzmitte: »Du sollst den Herrn, deinen Gott, lieben mit ganzem Herzen, mit ganzer Seele und mit all deinen Gedanken« (Mt 22,37).

Näher zu Gott. . .

Die Selige von Mittelbiberach war keine Schwärmerin, die nichts anderes kannte, als fromm zu reden. Sie lebte eine wirklich religiöse Offenheit in der engen Verbindung von Gottes- und Nächstenliebe. Denn Gott und der Mensch, Gott und der Nächste konkurrieren nicht. Wer Gott dient, dient auch den Menschen, und wer wahrhaft den Menschen dient, der dient auch Gott. Diese tiefe Einheit hat Ulrika Nisch exemplarisch gelebt.

In ihrem Innersten freilich glühte ein Feuer, das sie schließlich verzehrte. Besondere mystische Gaben und Gnaden, um die nur wenige wußten, hat sie empfangen. Wir wissen, welch große Beterin sie gewesen ist, wie sehr es sie zur heiligen Messe und zu stiller Betrachtung hingezogen hat. Tag für Tag verbrachte sie nach der anstrengenden Küchenarbeit die Abendstunden im Gebet. »Es ist etwas Unergründliches, was nicht alles vorgeht in der Seele«, sagt sie selbst in ihrer schlichten Sprache. »Haufenweise nehme ich mit in die Kapelle, sooft ich hineinkomme, immer wieder etwas anderes und noch mehr.« Ulrikas Leben wurde dadurch aber nicht zur süßen Seligkeit und zum bequemen Spaziergang. Es blieb nüchterne Anstrengung der Arbeit und des Dienstes für andere. Das Glück des Gipfels ist ja nur dem erfahrbar, der den Aufstieg und dessen Anstrengung nicht scheut und auch die Abgründe zu bestehen weiß, die sich an jedem Weg irgendwann und irgendwo auftun. So mußte auch Schwester Ulrika ihren Glauben in solchen Stunden und Zeiten mühsam durchbuchstabieren. Trotz der dunklen Nächte der Seele, die Ulrika vor allem in körperlichen Leiden und seelischen Qualen erleidet, geht sie den Weg der Gottes- und Nächstenliebe unbeirrt und in größter Treue weiter. Es heißt von ihr: »Die Liebe war ihr in Fleisch und Blut übergegangen« – ein großartiges Wort. Trotz der aufwühlenden Erfahrungen, die sie durchlebt, behält bei ihr alles seinen Ort. Als man sie während ihrer tödlichen Krankheit fragt, womit sie sich beschäftige, antwortet sie: »Mit den Eigenschaften Gottes. Am liebsten betrachte ich die Einfachheit Gottes.«

Unverbrüchliche Gottesliebe vereint mit unablässiger Nächstenliebe in einem schlichten Leben, darin liegt die große Botschaft dieser kleinen Frau. Nicht darauf kommt es an, das Außerordentliche zu suchen, sondern das Ordentliche, das Tägliche und Gewöhnliche außerordentlich treu zu tun. Wer sich in Freude, mit Herz und Mund, mit Tat und Leben Gott und dem Nächsten öffnet, der darf hoffen, einst die Stimme zu vernehmen: »Komm, nimm teil an der Freude deines Herrn« (Mt 25,23).

Edith Stein: Gott suchen und von ihm gefunden werden

Nicht weniger als die Farben des Herbstes leuchten die Heiligen der Kirche. Auch unter ihnen sind alle Töne vertreten: helle kräftige Farben, gedämpfte Zwischentöne, das leise glänzende Gold. Miteinander schwer vergleichbaren Lebensgeschichten schreibt die Kirche Heiligkeit zu.

Der Weg zum Heiligsein liegt offen. Ja, der Weg jedes Menschen vermag dahin zu führen, sieht es auch zuerst oder von außen ganz anders aus. Dabei ist das leitende Ideal eines Heiligenlebens nicht der Klassenprimus oder der Musterschüler. Nicht nur die, die's schon immer gewußt haben, finden sich in der Schar der Heiligen. Vielen wird in ihrer Lebensgeschichte eine Kehrtwendung zugemutet, ein zweiter Anlauf, ein neuer Beginn. So stehen zahllose Fragende und Suchende im Heiligenkalender der Kirche, Menschen, die zwischen dem Ausgangspunkt und dem Ziel ihres Lebens eine geradezu überirdische Entfernung zurücklegen, eine schier unendliche Distanz zu überbrücken hatten.

Radikale Suche

Gott suchen und von ihm gefunden werden – das macht das Eigentümliche der Gestalt Edith Steins aus. Mit einer Intensität sondersgleichen hat sie früh begonnen, Menschen und Meinungen, eigene und fremde Erlebnisse und

Ereignisse zu untersuchen. Kritisch und unerbittlich ist sie, nichts findet ungeprüft Gnade vor dieser 1891 geborenen Tochter einer jüdischen Kaufmannsfamilie aus Breslau. Sie vertraut darauf, daß es der Wahrheit nicht schade, be- und ausgeleuchtet zu werden. So stellt sie in ihrem Leben Frage über Frage.

Edith Stein beginnt ihre Suche mit einer Art Demontage: die von einer tiefgläubigen Mutter Erzogene bricht mit dreizehn Jahren ihre religiösen Bindungen ab. Sie begibt sich gleichsam an einen Nullpunkt. Jeder Tradition ledig soll nichts anderes sie umtreiben als das brennende Verlangen nach Wahrheit. So geht sie ihren eigenen und eigenwilligen Weg eines jahrelangen suchenden Studiums. Die Wahrheit allein, nichts weniger soll das Fundament bilden, auf dem sie das Gebäude ihrer Existenz errichtet sehen will. Wer auf ihr Leben als Ganzes schaut, wird an den berühmten Vers Rainer Maria Rilkes erinnert: »Ich lebe mein Leben in wachsenden Ringen, die sich über die Dinge ziehen. . .«

»Er führte mich – ich folgte ihm«

»Wer die Wahrheit sucht, der sucht Gott, ob es ihm klar ist oder nicht.« Mit diesem Satz beschreibt sie rückblikkend, was in den langen Studienjahren in ihr vorging. Ihre denkerische Entwicklung war unerbitterlich wie ihre Lebenspraxis konsequent. Über Jahre hinweg hielt sie großem Druck stand; sie ertrug Unruhe und Dunkelheit, bis sie ihr Ja ganz und vorbehaltlos geben konnte. Ihrem Weg schrieben sich immer tiefere Spuren der Gnade und des göttlichen Lichtes ein. In Begegnungen und Gesprächen kommt ihr die Wahrheit des christlichen Glaubens nahe. »Die Welt des Glaubens stand plötzlich vor mir.

Menschen, mit denen ich täglich umging, zu denen ich mit Bewunderung aufblickte, lebten darin.«

Zum Schlüsselerlebnis für sie wird jene Nacht im Jahre 1921, in der sie im Haus einer Freundin die Autobiographie der Theresia von Avila in einem Zug durchliest. »Das ist die Wahrheit«, stellt sie am anderen Morgen fest, selig überwältigt. Ihre jahrelange innere Suche, die sie schließlich ans Ziel brachte, faßt sie so zusammen: »Oft wollten meine Kräfte mir versagen. Fast hofft' ich nicht mehr, je das Licht zu schaun. Doch als im Schmerz mein Herz erstarrte, da ging ein klarer Stern mir auf. Er führte mich - ich folgte ihm. Erst zagend, immer sich'rer dann.« Am Neujahrstag 1922 wird sie getauft. Die Suche nach Wahrheit setzt sie fort, von nun an freilich im Binnenraum des katholischen Glaubens.

Die akademische Laufbahn bleibt Edith Stein unter den damaligen Zeitumständen verwehrt. Sie versieht acht Jahre lang eine Stelle als Lehrerin und Dozentin bei den Dominikanerinnen in Speyer. Dazuhin unternimmt sie ausgedehnte Vortragsreisen. Mit Weitblick und Mut spricht sie vor allem zum Thema ›Frau und Beruf‹. Ein neues Bedenken der Rolle der Frau nimmt in Edith Steins Wahrheitssuche einen bedeutenden Platz ein. Doch darin erschöpft sich ihr Leben nicht. Über Jahre hinweg prüft sie sich. Immer deutlicher wird sie an die Berufung zum Ordensleben herangeführt. Die nationalsozialistischen Nichtarier-Gesetze kosten sie ihre Stellung. In großer Klarheit und Tapferkeit - auch in bezug auf die politischen Verhältnisse - vollzieht sie im Jahre 1933 den Schritt in den Karmel.

»Führen, wohin du nicht willst«

Von außen betrachtet stehen die letzten Lebensjahre Edith Steins unter dem Zeichen des entfesselten Nationalsozialismus und des entfachten irrsinnigen Krieges. Im Glauben gesehen ist es eine ganz vom Kreuz Christi bestimmte Zeit. Das Anlegen des Ordenkleides und ihr Wille, »Benedicta a sancta Cruce« - »Vom heiligen Kreuz Gesegnete« - genannt zu werden, zeigen deutlich, daß Edith Stein sich rückhaltlos der Führung dessen anvertraut und überlassen hat, der »gürtet und . . . führt, wohin du nicht willst« (Joh 21,18). 1938 muß sie Deutschland verlassen und findet gemeinsam mit ihrer Schwester Rosa Aufnahme im Karmel von Echt/Holland. Unter Einsatz ihrer ganzen Person beginnt sie 1940 mit dem Werk, dessen Titel den letzten und wohl schwersten Ring der Wahrheit bezeichnet, in den ihr Leben hineingeführt wird und hineinwächst: »Kreuzeswissenschaft«. In einem Brief schreibt sie: »Ich bin mit allem zufrieden. Eine ›Scientia Crucis‹ kann man nur gewinnen, wenn man das Kreuz gründlich zu spüren bekommt. Davon war ich vom ersten Augenblick an überzeugt und habe von Herzen ›Ave crux, spes unica‹ gesagt.« Am 2. August 1942 wird Edith Stein zusammen mit ihrer Schwester und vielen katholischen Juden in einem Racheakt der Nationalsozialisten verhaftet und deportiert. Trotz der entwürdigenden Zustände, die sie in ihren letzten Tagen erleiden muß, werden ihre Gelassenheit und ihre tiefe Ruhe bezeugt. Lächelnd, tröstend und betend wird sie gesehen. Wohl am 9. August 1942 opferte sie in Auschwitz ihr Leben.

Damit sich auch unser Leben in der Wahrheit erfülle

Mit aufrichtigem Herzen und rückhaltlos hat Edith Stein nach der Wahrheit gesucht und sich von ihr finden lassen. Den Bildern, die wir von ihr kennen, ist dieses einzigartige Drama ihres Lebens anzusehen. Diese leuchtende Frauengestalt wird für jeden von uns zur Frage: Suche ich nach Wahrheit? Oder ist Wahrheit nur eine billige Sprech- oder Seifenblase über meinem wirklichen Leben? Bin ich bereit, die Durchschnittlichkeit alltäglicher Horizonte hinter mir zu lassen? Schwimme ich gegen den Strom, auch dort, wo es Kraft kostet? Nehme ich die unerbittlichen Forderungen der Wahrheit an, selbst die dunkle Nacht, die es zu bestehen gilt?

Edith Stein fragt uns als Vollendete. Sie lebt in der seligmachenden Wahrheit Gottes. Dort ist - wie der Prophet Jesaja verheißen hat (vgl. Jes 25,6-8) - der Tod für immer beseitigt und sind die Tränen abgewischt, dort hat der Herr die Hüllen und Decken weggenommen.

»Seht, das ist unser Gott« - ihn hat Edith Stein gesucht, von ihm ließ sie sich finden. Er ist für sie das Licht ihres Denkens, Lebens und Leidens geworden. Danken wir ihr für das Beispiel ihres Lebens. Bitten wir um ihre Fürsprache an Gottes Thron, damit sich auch unser Leben in der Wahrheit erfülle.

Brief an die Priester
vom 19. März 1988

»Bleibt in mir, dann bleibe ich in euch . . .«
(Joh 15,4)

Liebe Mitbrüder im priesterlichen Dienst!

Zeiten schwerer gesundheitlicher Krisen gehen nicht spurlos an einem vorüber, ebenso wenig die Zeit erneuter, voller Arbeitsbelastung. Viele von Ihnen haben dies zur Genüge selbst erfahren. Heute möchte ich Ihnen herzlich danken für die Briefe, die mich während meiner Krankheit erreichten. Die Wünsche, die sie enthielten, haben mir einiges von der Kraft geschenkt, die mich wieder gesund werden ließ. Ich habe gerade in dieser Zeit erfahren, was Solidarität im Gebet bedeutet und bewirkt. Sie dürfen gewiß sein: Ich lasse mich von dieser brüderlichen Verbundenheit mit Ihnen und unseren Gemeinden auch in Pflicht nehmen.

Was ich in Gesprächen mit Ihnen immer wieder gesagt bekomme, was mir geschrieben wird – das hat mich während der vergangenen Monate besonders beschäftigt. Ich habe mich oft und oft gefragt: Wie werden wir auch künftig einigermaßen zurechtkommen mit den zahlreichen Aufgaben und Herausforderungen in unserer Diözese? Und wie geht es bei alldem Ihnen, unseren Priestern? Wie werden Sie fertig mit dem Vielen, das Sie zu tun haben, das Sie bedrückt und wovor Sie womöglich resignieren könnten?

Manches bedenke ich wie Sie immer wieder neu im Blick auf die Kirche und ihre Aufgabe in unserer Zeit, näherhin unseren priesterlichen Dienst. In diesem Brief möchte ich einiges von dem ansprechen, was mich bewegt. Vielleicht hilft Ihnen auch das Buch, das ich Ihnen hiermit als Geschenk überreiche – ein Zeichen meines Dankes an Sie: Julius Kardinal Döpfner, »Weggefährte in bedrängter Zeit«. Sie wissen wohl, daß ich den Kardinal sehr geschätzt habe. Seine »Briefe an die Priester« haben mir auch für diesen Brief Anregung gegeben.

I. Was uns bewegt

Viele von Ihnen, insbesondere die Älteren, fragen sich heute: Wie geht's wohl weiter mit meiner Gemeinde, wenn ich hier aufhöre? Das kann bedeuten: Wie lange werde ich es noch machen können? Was soll, was darf ich meiner Gesundheit zumuten? Kommt überhaupt ein Nachfolger? Oder: Was für ein Nachfolger kommt, in welchem Stil, mit welcher Pastoral geht er dann auf diese Gemeinde zu? Und nicht zuletzt: Wird die Gemeinde durchhalten und ihre eigene Verantwortung auch wahrnehmen, wenn Durststrecken kommen? Stimmt vor allem unser inneres theologisches Pastoralkonzept, oder haben wir uns an bisherigen Einstellungen, Erwartungen oder organisatorischen Planungen festgemacht? Diese Sorgen bedrängen ja besonders die Kriegsgeneration, zu der ich auch gehöre.

Die jüngeren Mitbrüder akzentuieren ihre Sorgen wohl etwas anders: Werden mir – falls ich nicht ohnehin eine zu große Pfarrei habe – so nach und nach einfach zwei, drei weitere Gemeinden »aufgehängt«, wenn die Nachbarn versetzt werden, in den Ruhestand gehen oder frühzeitig sterben? Welche Vorstellungen hat oder entwickelt die Diözese für das Jahr 2000? Müßten nicht wir selbst und unsere Gemeinden uns alle zusammen besser darauf vorbereiten und entsprechende Skizzierungen einer künftigen Pastoral entwerfen? Wie oft treiben auch mich solche Fragen um! Meines Erachtens warnt uns beispielsweise Professor Paul M. Zulehner mit Recht davor, pastorale Probleme wie Technokraten anzugehen; er weist vielmehr auf die je eigenen Berufungen der Glieder des Gottesvolkes hin, auf die dringliche Hinführung zu einer Seelsorge in priesterarmer Zeit, auf die Freisetzung und Weckung vorhandener Kräfte. Schließlich fragen Priester aller Altersgruppen: Werde ich allmählich nicht zum bloßen Funktionär, der kaum mehr Zeit hat, den eigenen Glauben zu vertiefen, obwohl er das doch anderen dauernd predigt? Wie finde ich durch das Gestrüpp so vieler Termine und Verpflichtungen zurück zu dem Ziel, das doch immer mein eigentliches Berufsziel war: nämlich wirklich Seelsorger zu sein? Bin ich wirklich noch dran, anderen Menschen dabei zu helfen, Menschen nach Gottes Plan und Ziel zu werden – oder zähle ich zu den von tausend Vordergründigkeiten Beschlagnahmten? Wie kann ich mich auf erlaubte Weise wehren gegen den oft unzumutbaren Erwartungsdruck, nicht zuletzt gegen gelegentlich deutlich artikuliertes Anspruchs- und Versorgungsdenken? Wie schaffe ich es, ausgehend von den Grunddiensten der Kirche, wirklich pastorale Prioritäten ins Leben meiner Gemeinde einzubringen? Und wer nimmt mich gegebenenfalls in Schutz, wenn ich dafür anderes – zum Unmut mancher Gemeindemitglieder – nicht mehr mache? Wie weit geht meine persönliche Verantwortung für das Heil der Menschen in meiner Gemeinde? Bin ich mitschuldig, wenn auch in meiner Pfarrei die Glaubenssubstanz schwindet? Wie kann einer leben mit dem Gefühl: Solange ich hier bin, wird es (vielleicht) noch einigermaßen gehen, aber: ich sehe doch, wie so manches abbröckelt. Kann man überhaupt arbeiten fürs Reich Gottes, wenn so wenig Erfolg sichtbar wird, wenn uns die Trends des öffentlichen Lebens dauernd zu widerlegen scheinen?

Liebe Mitbrüder, ich frage mich: Sind wir bei alledem noch in der Lage, die Umsetzung unserer Diözesansynode mitzutragen (daß ich diese nicht von Ihnen allein erwarte, habe ich schon während der Synode deutlich gesagt)? Was können wir für die Weitergabe des Glaubens an die kommende Generation wirklich tun, und wie können wir zu einer »Glaubenswende« (Eugen Biser) beitragen? Oder, falls die Zeit dafür noch nicht reif ist, können wir gemeinsam auch eine Zeitlang diese »winterliche Kirche« (Karl Rahner) aushalten, ohne zu erstarren? Zu welcher Flexibilität sind wir alle fähig; zu welcher Selbstentäußerung und Preisgabe liebgewonnener, aber auf Zukunft hin gesehen unergiebiger pastoraler Gewohnheiten? Sind wir bereit, Verantwortung zu teilen? Wie läßt sich's denn erreichen, daß wir – um die zwar inhaltsreiche, aber schon verbrauchte Formel zu benutzen – immer mehr von der versorgten zur mitsorgenden Pfarrgemeinde kommen?

Dazuhin sagt bald jeder: »Verwaltung wird bei uns viel zu groß geschrieben«. Doch seltsam: Warum beherrschen uns denn organisatorische und administrative Aufgaben so sehr? Wenn Sie sich womöglich hier unter Druck gesetzt fühlen durch Papiere, Bestimmungen und Anordnungen von »oben« – haben Sie selbst den Mut zu strafferem System? Mir scheint, daß so manches Mißverständnis besprochen werden sollte, zum Beispiel im Priesterrat.

Liegt's nicht auch an der Art, wie Schwerpunkte in unserer Arbeit gesetzt werden? Wird nicht beispielsweise von manchen Kirchengemeinderäten unter Leitung ihrer Pfarrer eingehender darüber debattiert, wie das nächste Gemeindefest ablaufen und der Umbau eines kirchlichen Gebäudes finanziert werden soll, als über eine Firmvorbereitung, die alle angehen und bewegen sollte, über eine Aktion zugunsten bestimmter ›Randgruppen‹ oder für Menschen in leiblicher und seelischer Not? Lassen Ihnen die anderen Zeit, nehmen Sie sich selbst Zeit für Fort- und Weiterbildung und eigenes Studium? Und wie sieht es mit der religiösen Prägung unseres Alltags aus –

mit dem Stundengebet und persönlichem Beten, mit der heiligen Messe am Werktag und dem Besuch des Allerheiligsten, mit Studium und Meditation der Heiligen Schrift, mit Exerzitien? Haben Sie geistlichen Austausch unter Mitbrüdern, haben Sie einen persönlichen Beichtvater?

Schließlich möchte ich einfach die Frage stellen, die ich für entscheidend halte: Leben wir, jeder einzelne und wir alle als Presbyterium dieser Diözese, noch aus denselben Wurzeln? Bauen wir auf demselben Fundament, das uns bei unserer Berufung von Anfang an in unserem Dienst immer getragen hat? Wird unser Sein und unser Tun aus den tiefen Quellen Gottes selbst gespeist? Wenn ja, dann müßte sich wohl mehr Gottvertrauen, Hoffnung, Offenheit für die Zukunft entdecken lassen als sorgenschwere Angst, Mutlosigkeit oder hastige, überzogene Aktivität. Lesen Sie, falls Sie derartige Ermüdungserscheinungen der Seele in sich verspüren, wieder einmal jenes Gleichnis im vierten Kapitel bei Markus: »Er sagte: Mit dem Reich Gottes ist es so, wie wenn ein Mann Samen auf seinen Acker sät; dann schläft er und steht wieder auf, es wird Nacht und wird Tag, der Samen keimt und wächst, und der Mann weiß nicht, wie. Die Erde bringt von selbst ihre Frucht, zuerst den Halm, dann die Ähre, dann das volle Korn in der Ähre. Sobald aber die Frucht reif ist, legt er die Sichel an; denn die Zeit der Ernte ist da.«

II. Die Wurzel, aus der wir leben

Ohne vorschnell Antworten festschreiben zu wollen – wer könnte das schon? –, möchte ich unterstreichen, daß wir im Jetzt unserer Geschichte das Gemeinsame festhalten und für die Zukunft vertiefen müssen. Denn alles pastorale Handeln setzt gemeinsam Fundamente und Grundsätze voraus.

1. Jesus Christus ist der Herr

Der Herr sagt uns im Johannesevangelium: »Bleibt in mir, dann bleibe ich in euch. Wie die Rebe aus sich keine Frucht bringen kann, sondern nur, wenn sie am Weinstock bleibt, so könnt auch ihr keine Frucht bringen, wenn ihr nicht in mir bleibt« (Joh 15,47).

Dieses Wort beschreibt eine Verbindung zwischen Christus und uns, wie sie tiefer nicht sein kann. Sie hat ihre Entsprechung in der Beziehung Jesu zum Vater (vgl. Joh 14,10). Hier verweist uns Jesus auf die eigentliche Lebensquelle für ein fruchtbares Wirken, mit der wir um jeden Preis verbunden bleiben müssen. Denn: »Getrennt von mir könnt ihr nichts vollbringen« (Joh 15,5).

Was heißt dieses Bleiben in Christus? Daß sein Wort und sein Geist in mir wirken, daß ich mich immer wieder neu der aus seinem Tod und seiner Auferstehung strömenden Kraft in der Eucharistie öffnen soll und darf: »Wer mein Fleisch ißt und mein Blut trinkt, der bleibt in mir, und ich bleibe in ihm« (Joh 6,56). Es geht um das treue Durchhalten des Glaubens an Christus, ein Sich-halten-Lassen von ihm – so wie der Zweig vom Weinstock. In Christus sein und bleiben heißt Lebens- und Schicksalsgemeinschaft mit ihm, heißt volle Gemeinschaft mit ihm leben (vgl. Phil 3,7–21). Und: Sein und Bleiben in Christus hat Konsequenzen – ein seinem Geist und Wesen entsprechendes Leben, eben Fruchtbringen in der Nachfolge.

Liebe Mitbrüder, wenn diese persönliche, durch das Gebet und die Sakramente gehaltene Verwurzelung in Christus und seinem Geist uns alle bestimmt, dann habe ich keine Angst um unsere Zukunft! Denn nicht darauf wird es letztlich ankommen, wieviele Priester und kirchliche Mitarbeiter wir der Zahl nach haben, sondern darauf, daß wir genügend gute, überzeugte und überzeugende Priester, Diakone und Laien sein werden. Andernfalls hätten die (verständlicherweise oft recht verzagten) Jünger Jesu von vorneherein aufstecken und angesichts einer total anders eingestellten Welt ihr ›Evangelisierungsprogramm‹, das heißt die Sendung Jesu, an den Nagel hängen können.

2. Zur Auferbauung der Kirche

So persönlich die besondere Berufung des einzelnen Priesters ist, so wenig ist sie andererseits seine Privatangelegenheit. Jesus spricht die Apostel an, die auf sein Wort hin mit der Kirche anfangen. Das »Bleibt in mir. . .« realisiert keiner auf eigene Faust, sondern nur so, wie es Roger Schutz sagt: »Man kann ein Leben mitten in ungläubiger Umgebung nur dann aushalten, wenn man fest mit dem Leib der sichtbaren Kirche verbunden ist.« So bekommt das Bekenntnis zur Una, Sancta, Catholica und Apostolica erst seinen richtigen Klang.

Immer öfter stelle ich betroffen fest, daß auch Priestern dieser wesentliche Aspekt nicht voll bewußt zu sein scheint. Das Zweite Vatikanum hat klar ausgesprochen, daß Kirche stets zugleich Weltkirche und Ortskirche ist. Unter ›Ortskirche‹ versteht das Konzil in der Regel die Kirche unter der Leitung des Bischofs, also eine Diözese. Natürlich ist für den einzelnen Christen die Gemeinde unter der Leitung des Pfarrers der normale und unmittelbare kirchliche Lebensraum. Ja, angesichts einer Gesellschaft, in der es allenthalben immer unpersönlicher und kälter zugeht, muß uns die Beheimatung unserer Gläubigen in der Gemeinde besonders am Herzen liegen. Das ist auch für uns selber bedeutsam und hilfreich gegen Isolation, Abkapselung und Entfremdung. Der Priester braucht die Heimat seiner Gemeinde. Aber: daraus darf keiner von uns folgern, er könne nun machen, was er wolle. Was soll die Parole: »Die örtlichen Interessen gehen vor«? Jede Gemeinde bleibt auf die Gemeinschaft mit dem Bischof, der Diözese und mit der Weltkirche unter dem Primat des Papstes verwiesen und angewiesen.

Würde einer sagen, er sei nur auf eine Gemeinde oder eine Gruppe hin geweiht, so liefe dies auf eine Privatisierung der universalen Sendung des priesterlichen Amtes hinaus. »Gerade heute kann kein einzelner Priester und kein einzelner Bischof sein Amt abgesondert und als einzelner hinreichend erfüllen, sondern nur in brüderlicher Verbundenheit und Zusammenarbeit mit den anderen, die denselben Dienst ausüben« (Katholischer Erwachsenenkatechismus, S. 299).

Ein einseitiges Gemeindeverständnis gefährdet unseren Dienst der Einheit und bekommt unseren Gemeinden nicht gut. Den Pfarreien ist sicher nicht damit geholfen, wenn ihnen, die sich ohnehin mühsam gegen alle möglichen auseinanderstrebenden Kräfte in Kirche und Gesellschaft anstemmen, eine Autonomie suggeriert wird, die sie von der Gesamtkirche entfremdet. Jesus wollte ja nicht ein Sammelsurium zusammenhangloser Gruppen und Gemeinden, die je für sich an einem Do-it-yourself-Christentum herumbasteln. Jesu großes Vermächtnis ist die Einheit und Einzigkeit der Kirche (vgl. Joh 17,21–23; Eph 4,2–6).

Nicht wenige klagen über eine gewisse Ohnmacht angesichts mancher deprimierender Entwicklungen in unserer Gesellschaft. Der Gegenwind weht oft heftig. Hier ist unser Vertrauen in die verändernde Kraft des Evangeliums herausgefordert. Könnte nicht gerade aus einer bewußten Einheit heraus unsere Hoffnung wieder stärker werden? Selbstverständlich gehören in diesen Zusammenhang auch unsere schwieriger gewordenen ökumenischen Bemühungen, wobei ich allerdings aus Erfahrung hinzufüge: es entspricht nicht der Wirklichkeit, wenn derzeit pauschal von einer Stagnation der Ökumene gesprochen wird. Mancher pessimistische Meinungsmacher täte besser daran, die »Ermutigung zur ökumenischen Arbeit am Ort« ernstzunehmen und beispielsweise die von der Arbeitsgemeinschaft christlicher Kirchen in Baden-Württemberg empfohlenen konkreten Schritte auf dem Weg zur Einheit gezielt zu tun.

Bei alldem geht es nie um einen krampfhaften Zentralismus, sondern um die Einheit in der Vielfalt (J.A. Möhler). Das Zweite Vatikanum spricht vom dreifachen Band der Einheit: dem Band des Glaubensbekenntnisses, der Sakramente und der kirchlichen Leitung und Gemeinschaft (vgl. LG 14).

Wenn ich an den großartigen Ertrag der jährlichen Sammlung für die Liebeswerke Misereor, Adveniat, Missio und Caritas und nicht zuletzt an unsere großartig einsatzbereiten Sternsinger denke, habe ich nicht die geringsten Zweifel, daß unsere Gläubigen sich nicht zur ›geschlossenen Gesellschaft‹ reduzieren, sondern die Weltkirche ganzheitlich sehen und mitverantworten wollen. Doch sollten wir künftig wohl auch wieder mehr das »Wir-Gefühl« der Christen in der Diözese stärken! Es ist doch bezeichnend, wenn sich unsere jungen Leute förmlich zu großen Begegnungen, wie zum Beispiel in den

Klöstern oder zur Friedenswallfahrt nach Assisi, drängen. Sie tun das ja nicht nur, weil dort »mehr los ist« als in der eigenen Gemeinde. Nein: sie tun es, weil sie erfahren wollen, daß noch mehr dazugehören als die relativ wenigen, die sie sonntags in den Gemeinden erleben.

Beinahe täglich stellen wir fest, wieviele Zeitgenossen allergisch reagieren, wenn sie das Wort Kirche auch nur hören. Der öffentliche Meinungsdruck ist inzwischen so stark geworden, daß da und dort auch innerhalb der Kirche (!) die falsche Formel aufgegriffen wird: »Jesus ja – Kirche nein.« Wer von uns wüßte nicht, wie bitter und zynisch gelegentlich der Ton gegen die Kirche, besonders gegen die ›Amtskirche‹, geworden ist, und wie viele die Kirche lediglich noch als religiöses Zweckgebilde gelten lassen, das man um irgendwelcher Funktionen willen noch braucht. Dazu gehören mitunter selbst solche, die im kirchlichen Dienst stehen und von den anderen Gläubigen leben. Lassen wir uns nicht irritieren: Das In-Christus-Bleiben ist nur in der lebendigen Kirche und mit ihr möglich. Was wir sind, sind wir, weil es Christus gibt. Wer wir sind, sind wir, weil es die Kirche gibt und all das, was sie uns durch ihren Heils- und Weltdienst geschenkt und vermittelt hat. Um es so direkt wie möglich zu sagen: Um Jesu willen ist heute wieder unsere Liebe zur Kirche gefragt. Kardinal Döpfner hat dies mit wenigen Worten etwa so zusammengefaßt: Wir sehen Grenzen und Erneuerungsbedürftigkeit der Kirche, gerade heute. Wir leiden darunter und arbeiten mit Leidenschaft an ihrer Neuwerdung. Doch wir stehen zu dieser Kirche und bewußt in ihr, weil sie die Kirche des menschgewordenen, erniedrigten und auferstandenen Herrn und zugleich von unserer Schwachheit gekennzeichnet ist.

Hier ist nicht von einem unkritischen Mitläufer die Rede und schon gar nicht davon, wir sollten uns in diese

Kirche vor der »bösen Welt« wie in eine Fluchtburg zurückziehen. Denn so würden wir nicht die Frucht bringen, die Christus von uns erwartet. »Wer immer sich berufen fühlt, der Erneuerung der Kirche zu dienen, sollte in all seinen Äußerungen keinen Zweifel daran lassen, daß das wahre Antlitz der Kirche von der Freude der Erlösung geprägt ist. Über die Meinungsverschiedenheiten und Auseinandersetzungen hinweg sollten sich alle Christen darin einig sein: Unsere Kirche ist Quelle der Hoffnung und Freude« (Kardinal J. Döpfner, Weggefährte in bedrängter Zeit, S. 132).

III. Dienst und Leben des Priesters

Das Zweite Vatikanische Konzil sagt: »Das gemeinsame Priestertum der Gläubigen aber und das Priestertum des Dienstes. . . unterscheiden sich zwar dem Wesen und nicht bloß dem Grade nach. Dennoch sind sie einander zugeordnet: das eine wie das andere nämlich nimmt je auf besondere Weise am Priestertum Christi teil« (LG 10).

Das kirchliche Amt steht der Gemeinde gegenüber, weil es zugleich in der Gemeinde steht. Diese Spannung zwischen dem ›In‹ und dem ›Gegenüber‹ darf in keiner Richtung aufgehoben werden - so schwierig das ist, wenn's konkret wird. Mir ist wichtig, daß Sie für sich wie auch für die Gemeinden den Stellenwert des besonderen priesterlichen Dienstes und Amtes entsprechend den Aussagen des letzten Konzils klären. Das wird eine Hilfe sein für alle kirchlichen Dienste, nicht zuletzt für alle Laien sowie für Jugendliche, die mit der Frage umgehen, ob sie selbst Priester werden wollen.

Was ist festzuhalten? Das je eigene Profil und die solidarische Kooperation von Priestern, Diakonen und Laien in der einen Kirche Christi ist die Voraussetzung für ein Zusammenwirken in dem einen Geist, der uns allen geschenkt wurde. In Übereinstimmung mit unserer Diözesansynode möchte ich das hier nochmals hervorheben, damit die folgenden Überlegungen nicht dahin mißverstanden werden, als propagierte ich für uns Priester ein ›besseres‹ oder höheres Christsein. Schließlich wollen wir uns keinesfalls auf ein Standespodest stellen; wir wollen auch nicht so tun, als ob wir alles könnten oder Alleswisser seien.

Im Zusammenhang aber mit dem besonderen Dienst, in den uns Christus gerufen, und mit der uns aufgetragenen Sendung möchte ich in Erinnerung rufen: »Die Weitergabe des Glaubens durch Wort, Sakrament und Dienst der Liebe braucht von Jesus Christus ergriffene Zeugen des Glaubens. Zeuge sein, das heißt: sich selbst mit seiner ganzen Existenz in die Vermittlung des Glaubens einbringen und sich aufs Spiel setzen, nicht nur mit dem Kopf und dem Mund, sondern mit dem ganzen Leben, mit der ganzen Person von Gottes Liebe und Zuwendung zur Welt, von seinem bedingungslosen Stehen auf der Seite des Menschen Zeugnis geben. Zu solchem Zeugendienst gehört echte Menschlichkeit. Es gehören dazu vor allem eine geistliche Lebensform mit Zeiten der Stille und des Gebets, ein einfacher und schlichter Lebensstil und die Haltung geschwisterlichen Dienstes sowie das Ja zur solidarischen Einordnung ins Ganze von Kirche und Gemeinde« (Diözesansynode 1985/86 I,17).

Liebe Mitbrüder, was unsere Synode da fordert, ist nicht priesterliches Monopol. Es gilt allen Getauften, vorab jedoch uns Priestern.

Über die Krise der geistlichen Lebensform (Spiritualität) ist ja in den letzten Jahren viel gesagt und geschrieben worden. Mit Freude beobachte ich, wie die Evangelischen Räte wieder als tragende Pfeiler anerkannt werden. Nicht wenige spüren, daß gerade durch diese Lebensformen die Kirche dazu befähigt wird, die Frohbotschaft Jesu nicht nur zu verkünden, sondern auch anfanghaft sichtbar werden zu lassen. Leben nach den Evangelischen Räten: das ist Nachfolge, das ist die Frucht, die Christus erwartet, wenn er uns auffordert, in ihm zu bleiben. Auf diese Weise inmitten einer säkularisierten Welt leben ist freilich nur möglich, wenn wir ständig um das wegweisende Licht bitten, von dem der Apostel Paulus schreibt: »Denn Gott, der sprach: Aus Finsternis soll Licht aufleuchten!, er ist in unseren Herzen aufgeleuchtet, damit wir erleuchtet werden zur Erkenntnis des göttlichen Glanzes auf dem Antlitz Christi« (2 Kor 4,6).

Die Inkarnation ist für uns der »Beweis«, daß Gott die Schöpfung bejaht und sich in diese Welt einläßt. Darauf berufen wir uns, wenn wir unsere Zuwendung zur Welt, unser Engagement im öffentlichen Leben legitimieren. Doch dies bleibt einseitig, solange wir nicht auch anerkennen, daß die Inkarnation in das Geheimnis des Kreuzes mündet. In der Inkarnation beginnt jeder Weg, der im Kreuz zu seinem Höhepunkt kommt.

Diese Grundaussage warnt uns davor, das Heil in einer bloß natürlichen Entwicklung der Welt und des Menschen zu suchen. Das Einüben in die Unterscheidung der Geister im Sinne von Gal 5,19-26 tut not - als Orientierung unter scheinbaren Lebenswerten, zur Klärung einer offensichtlich vorhandenen Unklarheit in Normenfragen überhaupt. So kommen wir auch dem Sinn der Evangelischen Räte, des Gehorsams, der Ehelosigkeit und der Armut näher. Macht, Liebe und Sexualität, Besitz kann der

Mensch in seiner Freiheit gestalten und entfalten - leider aber auch mißbrauchen, indem er ihnen hörig wird. Dann verführen sie ihn dazu, sich das Leben selbst verschaffen und sichern zu wollen. Eine Gesellschaft, deren Devise es ist, sich auszuleben, wird unter diesen Vorzeichen bald erfahren, daß sie so nicht weiterleben kann.

»In allem ist etwas zu wenig«, heißt es bei Ingeborg Bachmann. Durch die Evangelischen Räte, auf die wir uns im Wagnis der Berufung in Freiheit eingelassen haben, bekunden wir: Diese Welt ist auf ein Mehr, auf Vollendung hin angelegt! Negativ betrachtet sind also die den Evangelischen Räten zugrunde liegenden Beweggründe deutliche Zeichen der Weltrelativierung: Die Welt ist nicht alles, ihre Gestalt vergeht - verliert euch daher nicht an sie! Daß die Evangelischen Räte durch ihre Aussage und Inhalte jedoch positiv zu letzter Weltbejahung führen, wer könnte das übersehen? Wieviele haben dies, um nur ein Beispiel zu nennen, an der Gestalt des heiligen Franziskus wiederentdeckt!

Ich bitte Sie, liebe Mitbrüder, die Evangelischen Räte in Ihre Meditationen aufzunehmen und möchte Ihnen dazu im folgenden einige Anregungen geben.

Gehorsam

Vielleicht können Sie meine Beobachtung bestätigen: So »anstößig« für viele Menschen heute der vom Priester geforderte Verzicht auf die Ehe ist und so vehement darüber diskutiert werden mag - der Gehorsam ist mindestens ebenso in Frage gestellt, wenn auch durch weniger laute Debatten.

Entscheidend für christlichen Glauben und Gehorsam ist: Von Gott empfangen wir sündige Menschen das Heil.

Wie oft hat der unvergessene Bischof Johann Michael Sailer dieses Wort variiert, um es jedem einzuprägen: Du bist wahrhaft geliebt, angenommen, geborgen. Dies kann ich nur glaubwürdig weitersagen, wenn in meinem Leben Konsequenzen davon sichtbar werden, wenn meinem Hören der Frohbotschaft ein Gehören, meinem Horchen ein Gehorchen entspricht. Freiheit ist ja nicht Willkür, Selbstbestimmung und Selbstverfügung. Für den Christen ist sie dankbare Selbstbindung an Gott im Namen und Geiste Jesu.

Es bleibt dabei: Vor allen Entscheidungen des Menschen für Jesus Christus steht seine Entscheidung für uns Menschen. Vor unserem Gehorsam steht sein Gehorsam bis zum Tod am Kreuz, der uns das Heil eröffnet. Das ist die Vorgabe, ohne welche der Versuch, in ihm zu sein und zu bleiben, sinnlos und jede Hoffnung auf Fruchtbringen aussichtslos wäre. Wenn wir das vergessen, »dann tritt an die Stelle der Gnade die Leistung, an die Stelle des Evangeliums das Gesetz, das Gesetz des permanenten Engagements. Dann gerät das christliche Leben in den Sog eines neuen Moralismus, der mit seinem totalitären Anspruch den Moralismus alten Stils, der eben erst überwunden schien, weit in den Schatten stellt. Die Folgen sind von alters her bekannt und treten neuerdings wieder offen in Erscheinung: ein Zelotismus, der über Leichen geht, und (als Kehrseite der Medaille) Resignation, die angesichts unerfüllbarer Forderungen an der eigenen Ohmacht verzweifelt« (F. Kamphaus, Leidenschaft für Gott, 1981, S. 141).

Müssen wir uns hier nicht fragen: Was hat unser Gehorsam mit dem Gehorsam Jesu zu tun? Letzlich hängt die Antwort daran, wer Jesus eigentlich für uns ist: bloß Vorbild oder der Herr (vgl. Phil 2,5–11)? Abstrahieren, reduzieren wir Gehorsam auf nichtssagende, weil folgenlose Sätze, oder lassen wir ihn so konkret werden, wie Jesu Gehorsam konkret war? Nachfolge ist eine leibhaftige Angelegenheit.

Weil der Vater uns mit derselben Liebe liebt, mit der er seinen Sohn liebt (vgl. Joh 15,9), gilt absoluter Gehorsam nur Gott. Die tiefste Begründung des Gehorsams ist deshalb religiös; alle anderen Motivationen kommen erst danach. Doch wie erfahren wir, was Gott von uns will? Auf vielen Wegen geschieht dies: in der Stimme unseres Gewissens, im Schrei der Elenden, im Wort der Heiligen Schrift, durch die kirchliche Autorität, in Anregungen und in Kritik aus der Gemeinde, in den »Zeichen der Zeit«. . .

Also auch durch die Kirche. Hier wird unser Gehorsam konkret. Zwar meinen manche, gelegentlich auch Priester, diese Autorität habe zu viel Kredit verspielt, als daß sie heute noch ernst genommen werden könne. Ein solcher Eindruck kann entstehen, wenn kirchliche Autorität vergißt, daß sie selbst unter der Autorität Jesu Christi steht, die durch nichts und niemanden zu ersetzen ist. Wird aber nicht zunehmend öfter ein künstlicher Gegensatz zwischen Christus und kirchlicher Autorität konstruiert - einfach um so das kirchliche Amt auszuhebeln, wenn es unbequeme Forderungen stellt? Zum Beispiel: Es wird mir gelegentlich schwer gemacht, in wichtigen Entscheidungen meiner Pflicht nachzukommen, dem bonum commune der ganzen Diözese Rechnung zu tragen. Freilich traue ich Ihnen zu, daß Sie im Geist des Gehorsams differenzieren, welcher Rang und welcher Verbindlichkeitsgrad einer bestimmten Sachfrage zukommt. Doch wie soll beispielsweise eine gerechte, an den Bedürfnissen der Gemeinden orientierte Verteilung der pastoralen Mitarbeiter möglich sein, wenn es auch nur in vereinzelten Fällen an Solidarität gebricht? Ich stehe dafür ein, daß nicht ein starres Gesetzessystem in der Kirche zu funktionieren hat, sondern daß - soweit wie möglich - im Dialog mit dem zum Gehorsam Geforderten und den für eine Sache Verantwortlichen eine hilfreiche Klärung gesucht wird. Wo immer es um die Einlösung des Gehorsamsversprechens geht, muß jedoch einer auch den Mut und das Vertrauen aufbringen, eigene Erwartungen zurückzustellen. Ich spreche dies deshalb so offen aus, weil uns die pastorale Situation in dieser Hinsicht einige Probleme bescheren wird.

Im Mai letzten Jahres hat Papst Johannes Paul II. den aus Stuttgart stammenden Jesuitenpater Rupert Mayer seliggesprochen. Er, von dem die Leute heute noch bewundernd sagen: »Pater Rupert Mayer ist nie umgefallen, nicht einmal im Tod«, ist für uns alle ein völlig unpathetischer und damit umso glaubwürdigerer Zeuge des Gehorsams. Die fünf Jahre, die er nach seiner »Befreiung« aus dem KZ im Kloster Ettal verbringen mußte, ertrug er nur im Gehorsam. »Aufgrund meiner grundsätzlichen Einstellung gegen die kirchlichen Behörden blieb mir nichts anderes übrig, als mich zu fügen.« Er hat sich daran gerieben, was sicher nicht wenige Fragen und kritische Empfindungen gegenüber ›kirchlichen Behörden‹ aufwarf. Trotzdem aber ist er gerade daran gewachsen.

Verkennen wir doch nicht, daß christlich motivierter Gehorsam damals wie heute unter den Menschen jene Freiheit in Gang setzt, welche die Tyrannei der »Götter« und den Terror der »Mächte und Gewalten« entlarvt. Gehorsam wird so zu einem unverzichtbaren und befreienden Dienst an den Menschen!

Mit den Worten des letzten Satzes will ich auch den Wert der priesterlichen Ehelosigkeit in aller Kürze beschreiben. Ich weiß natürlich, daß es im Blick auf die Pastoral in den verschiedenen Ländern der Welt grundsätzliche Fragen gibt, auf die ich in diesem Brief nicht eingehe. Als Dienst für Gott, die Kirche und damit für die Menschen ist die Ehelosigkeit des Priesters eine Frucht des Bleibens in Christus. Die Glaubensstruktur des Hörens und des Ja-Sagens, wie ich sie vorhin skizziert habe, kommt auch in der Ehelosigkeit zum Tragen. Hier stellt sich die Frage: Wer ist Christus für uns? Er ist der Herr, so bekennen wir. Und, weil er selbst es uns zu sagen gestattet (vgl. Joh 15,5), auch unser Freund!

»Freundschaft mit Jesus Christus, das ist auch der tiefste Grund, weshalb ein Leben in Ehelosigkeit, ja insgesamt im Geist der Evangelischen Räte für den Priester so wichtig ist. Das Herz und die Hände frei haben für den Freund Jesus Christus, ungeteilt für ihn da sein und seine Liebe zu allen tragen, das ist ein Zeugnis, das nicht im ersten Augenblick von allen verstanden wird. Aber wenn wir dieses Zeugnis von innen her erfüllen, wenn wir es leben als Daseinsform der Freundschaft zu Jesus, dann wird auch das Verständnis für diese Lebensform, die im Evangelium gründet, in der Gesellschaft wieder wachsen« (Papst Johannes Paul II. am 17. 11. 1980 in Fulda).

Ich hüte mich, rein pragmatische, der Zweckmäßigkeit des Zölibats für die pastorale Arbeit dienliche Gründe ins Feld zu führen – obwohl die noch am ehesten bei den Leuten »ankommen«. Nein, um den Zölibat leben zu können, dafür ist entscheidend der Glaube, daß Christus lebt, daß er mich kennt und liebt, mich ruft und auf mich wartet; daß ich sein »Bleibt in mir. . .« voll Bereitschaft höre, annehme und mit aller Leidenschaft weitergeben will. Ja, herzliche Freude über die in diese Welt eingestiftete Liebe, über den Anbruch des Reiches Gottes sollte das innere Licht unserer Lebensform sein, die wir im Vertrauen auf die Treue Gottes frei auf uns genommen haben. Solche Freude bringt Boten hervor, die zu Lebenszeichen einer radikalen Glaubenshoffnung werden: Gott ist und kommt als der noch Größere!

Aber, so werden wir oft gefragt, was nützt diese Lebensform, was nützt das Zeichen, wenn es nicht mehr verstanden und oft in geradezu widerwärtiger Weise diffamiert oder gar gegen die Würde der Ehe ausgespielt wird?

Jeder von uns weiß: Die Ehelosigkeit bringt Spannung, gibt Lasten auf, bleibt ein Wagnis, löst Krisen aus und kostet Kämpfe; sie erregt Anstoß. Doch, so wird man hier auch fragen müssen, gilt das nicht für die ganze gläubige Existenz des Christen, heute wie zu aller Zeit? Und: disqualifiziert sich nicht ein Glaube, der jeden Anstoß ängstlich meidet und dann wohl auch nichts mehr in Bewegung setzt? Ich meine, auch darüber müßten Mitbrüder im Gespräch bleiben, vor allem dann, wenn einer sich schwertut, mit der zölibatären Lebensform zurecht- oder weiterzukommen.

Bald sind es fünfundzwanzig Jahre her, seit Papst Johannes XXIII. von uns ging. Wie lebendig ist den Menschen heute noch sein Bild gegenwärtig! Verkörpert er mit seiner väterlichen Güte und seiner Strahlkraft unmittelbar spürbarer Liebe nicht den Typ des um des Himmelreiches willen Ehelosen, den Jesus meint? In seinem »Geistlichen Tagebuch« steht: »Mein Leben muß ganz Liebe zu Christus sein und zugleich ganz ausstrahlende Liebe und Hingabe für die einzelnen Menschen und für die ganze Welt. Von der Begebenheit aus dem Evangelium, die die Liebe des Papstes zu Jesus und durch Jesus zu den Menschen verkündet, ist es nur ein kurzer Schritt zur harten Realität des Verzichts« (S. 341).

Armut

Hier, das gestehe ich, zögere ich weiterzuschreiben in einer Zeit, da so oft von der reichen Kirche die Rede ist. Zwar wissen wir alle, daß Bereitschaft zur Armut wesentlich zur Nachfolge, zum Bleiben in Christus gehört. Aber die meisten sehen auch, daß das einer unserer wunden Punkte ist. Hier berühren wir ein Hauptproblem bei der Erneuerung der Kirche und Evangelisierung der Völker. Da steht nämlich unendlich viel auf dem Spiel für uns alle: Glaubwürdigkeit, Gerechtigkeit, Frieden. Wehe uns, wenn wir die Gefahr der Verbürgerlichung nicht erkennen. Wir müssen ihr entschlossen widerstehen.

Sieht man einmal ab von den wenigen Mitbrüdern, die ganz bewußt und deutlich einen Lebensstil der Evangelischen Armut pflegen, und von den anderen Christen, die sich als Mitglieder von Orden oder Säkularinstituten, als Verheiratete oder Ledige ein Leben der Evangelischen Armut vorgenommen haben – so müssen wir uns doch von allen sagen lassen: wir sind nicht arm, nicht als Einzelne, nicht als Gemeinden, nicht als Diözese und ebensowenig Sie als Priester wie ich als Bischof.

Natürlich wissen wir alle um die Notwendigkeit einer »dienenden Kirche« und einer »Kirche der Armen«. Doch solche Worte allein ändern an der Wirklichkeit nichts. Was die Armut betrifft, so müssen wir begriffliche Klarheit suchen, falsche Alternativen meiden und uns vor rigoristischen Zwängen hüten. Es gibt nach der Heiligen Schrift eine Armut, die menschenunwürdig ist und die überwunden werden muß. Andererseits gibt es Armut, die auf keinen Fall beseitigt werden darf – Armut als Offenheit; Armut, deren Reichtum Gott ist. Armut im Sinne des Evangeliums ist weder nur »innerlich« zu verstehen, noch immer »materiell«, weil sich der Mensch eben nicht eindimensional festlegen läßt (vgl. F. Kamphaus, in: Leidenschaft für Gott, 1981, S. 87 ff.).

Mit der Differenzierung haben wir zumindest eines gewonnen: Wir erkennen, wie schwierig es ist, allgemeine Verhaltensregeln aufzustellen. Ebenso sehen wir auch: es gibt keine Ausflüchte. Armut gehört unabdingbar zum Bleiben in Christus! Bei der Diakonen- und Priesterweihe wurden wir gefragt: »Seid ihr bereit, den Armen und Kranken beizustehen, Heimatlosen und Notleidenden zu helfen?« Wir alle haben geantwortet: »Ich bin bereit.« Welche Konsequenzen löst dieses Versprechen in unserem Dienst konkret aus, bis hin zum täglichen Umgang mit dem eigenen oder anvertrauten Geld? Wie gehen wir mit den Armen um? Wer gilt für uns als asozial? Wer sind unsere Gäste? Wie ›heilig‹ sind uns die Dinge, die wir besitzen? Was ›leisten‹ wir uns?

Spalten wir unser Leben in dem fatalen Sinn, daß wir eine (vermeintlich) private Existenz abheben von unserem dienstlichen Tun? Oder teilen wir uns ganz den anderen mit, ohne mehr zurückzubehalten als sinnvoll, verantwortbar, nach innen und außen vertretbar ist? Ist uns klar, daß es einen Aspekt der Geschwisterlichkeit gibt, der Armut heißt: Ich will mich von den anderen in der Gemeinde wenigstens nicht wesentlich durch meinen Besitz unterscheiden (wobei wir uns nach ›unten‹ und nicht nach ›oben‹ orientieren sollen)? Kann man am Stil unseres eigenen Umgangs mit Ansehen und Ehre, mit Hobbys, Freizeit oder Reiselust noch die Chance erkennen, welche auch anderen Mut macht, daß sie sich dem Konsumzwang ebenso widersetzen wie anderen Formen des gesellschaftlichen Drucks? In einem »Utopischen Orientierungsversuch« zeichnete Professor Schürmann bei Priesterexerzitien das Bild von Priestern der Zukunft unter anderem so: »Heute geht ein weltweiter Ruf nach dem ›vereinfachten Leben‹ um den Erdball - und wahrscheinlich ist er der letzte Ruf Gottes, der die Menschheit vor weltweiter Katastrophe bewahren kann. Die Solidarisierung in Lebensstil und Lebensart wird für uns Presbyter immer dringlicher eine Aufgabe - und weithin zwingen uns ja die Umstände schon dazu. Wir wollen uns beileibe keine heroische Armut wünschen, aber vielleicht doch die Gnade schlichter Solidarität« (Die Mitte des Lebens finden, 1979, S. 111 und 113).

Wir alle kennen den bereits erwähnten heiligen Franziskus wie andere exemplarische Christen als Freund der Armut. Sein Bekenntnis zur Armut war das Bekenntnis zum Schöpfergott, zum menschgewordenen und gekreuzigten Herrn. Nichts steht zwischen ihm und Gott; je weniger er hat, um so näher weiß er sich Gott.

Unsere Existenz ist verdanktes Leben. Verfälschen wir's nicht durch einen verfügenden, durch Haben und Habenwollen verdorbenen Umgang mit Werten und Dingen! Alles soll Rückerstattung sein, Rückgabe, freie Antwort auf die sich selber drangebende Liebe des guten Gottes.

IV. Unser Dienst steht unter Jesu Verheißungen

»Bleibt in mir, dann bleibe ich in euch. Wie die Rebe aus sich keine Frucht bringen kann, sondern nur, wenn sie am Weinstock bleibt, so könnt auch ihr keine Frucht bringen, wenn ihr nicht in mir bleibt« (Joh 15,4). Ich habe mit Ihnen, liebe Brüder, darüber nachzusinnen versucht, welche Beziehung Christus hier zwischen sich und uns stiftet und wie er uns mit dieser Aufforderung hineinnimmt in den Reichtum des Dreifaltigen Gottes. Davon können und damit dürfen wir wirklich leben!

Sie wissen, daß der Herr nur wenige Sätze später ausspricht, wir seien nicht seine Knechte, sondern seine Freunde (vgl. Joh 15,15). Welche Sicherheit und Gelassenheit müßte uns aus solcher Zusage erwachsen! Eine Gelassenheit, die uns Mut macht, bei unserem Dienst in ruhiger Besonnenheit zu fragen: Was ist jetzt unbedingt nötig, was ist nur wünschenswert? Was kann ich getrost Gott und anderen überlassen? Nerventötende Hektik, die uns gelegentlich oder gar dauernd von Belanglosigkeit zu Belanglosigkeit jagt, würde so nicht aufkommen, denn die Gelassenheit wurzelt in jener Freiheit und Freude, von denen ich im Zusammenhang mit den Evangelischen Räten zu sprechen versuchte.

Hier taucht wieder die Frage nach den Prioritäten in der Pastoral auf. Nichts hat den Vorrang vor den kirchlichen Grunddiensten martyria, liturgia und diakonia. Die wichtigsten pastoralen Lebensfelder, in denen sie vollzogen werden müssen, hat unsere Synode erläutert. Bitte prüfen Sie, zusammen mit Ihren Mitarbeitern und auch mit Ihrem Kirchengemeinderat, welche Schritte Sie schon getan haben und was weiter fällig ist. Schieben Sie weder Anordnungen noch Empfehlungen auf die lange Bank.

Freilich rechnen wir in unserer Seelsorge auch nüchtern mit Rückschlägen und Mißerfolgen. Sie gehören zu uns – und zum Kreuzweg. Im Evangelium steht nicht, daß die Jünger sich von früh bis spät glücklich und wohl fühlen werden. Auch bei Jesus selbst war das nicht der Fall. Und wo in aller Welt sind denn die Superglücklichen, die mit nichts anderem beschäftigt sind als mit einer Selbstverwirklichung, welche die Selbstverleugnung ausklammern kann? In Büros und auf Baustellen, in Supermärkten und an Fließbändern, in Sozialwohnungen und in Villen gleichermaßen wird, wie wir alle wissen, vieles erduldet, ertragen und gelitten; von Krankenzimmern und schrecklichen Notstandsgebieten in allen Kontinenten ganz zu schweigen. Und wie wenig Aufhebens machen die Betroffenen meist von ihren Nöten!

Wir jedenfalls sind nicht dazu bestellt, den Jammer der Menschen durch Selbstbemitleidung noch zu mehren. Wir sollten sie vielmehr durch Beispiel und Wort ermutigen und trösten. Wenn bei Umfragen von vielen das Wort ›Trösten‹ in enge Verbindung zum Wort Seelsorger gebracht wird, so heißt das doch: Da liegen Erwartungen, und wir sind kraft des Heiligen Geistes imstande, sie wenigstens anfanghaft zu erfüllen! Seien wir dafür dankbar, und halten wir fest an dem ganz mit den großen eschatologischen Verheißungen Jesu übereinstimmenden Apostelwort: ». . . und denkt daran, daß im Herrn eure Mühe nicht vergeblich ist« (1 Kor 15,58).

Niemand von uns hat das Recht oder die Pflicht, Gott Leistungsbilanzen vorzulegen. Aber es braucht keiner von uns ernsthaft zu befürchten, womöglich sei alles umsonst gewesen, was er im Lauf von Jahren und Jahrzehnten gebetet und gewirkt hat. Sicherlich bedürfen wir alle der Vergebung. Doch seien wir auch dankbar dafür, daß das Gute in unserer Arbeit gedeihen konnte, weil es auf dem Mutterboden der Kirche und ihrer Gemeinde wuchs, in der Gemeinschaft und unter der Mitwirkung vieler Menschen guten Willens – von Priestern und Laien. Diese bewegende Erfahrung hat mich in meinem

Amt als Bischof gerade auch bei Begegnungen mit Ihnen oft und oft gestärkt.

Halten wir die Erinnerungen an das erfahrene Gute fest! Nicht um uns nachträglich daran zu berauschen und so die Flucht in die Vergangenheit anzutreten. Nein: Wer das Gute in sich und anderen nicht bejaht, der hofft nicht! Doch wem ist es mehr zugetraut und geschenkt, Hoffnung weiterzugeben als dem Mittler des Evangeliums und der Heilszeichen der Erlösung! Dies ist auch in dunkelsten Stunden eine Sinn-Erhellung unseres Lebens. Kommen wir täglich zu dem unsagbar Guten, um seine Nähe in uns und in der Welt neu aufzunehmen: »Tut dies zu meinem Gedächtnis.« Welch einzigartiger Reichtum unserer Hoffnung! Möge sie in keinem von uns je versiegen.

Meine lieben Mitbrüder, ich danke Ihnen dafür, daß Sie diesen Brief gelesen haben. Sie merken, daß ich auf viele Fragen nicht im Detail eingegangen bin. Es ging mir darum, mit Ihnen das Bleiben in Christus und einige Konsequenzen für die Nachfolge im priesterlichen Dienst zu bedenken. Wichtig ist mir dabei die Vergewisserung, daß wir gemeinsam aus denselben Wurzeln leben und auf demselben Fundament weiterbauen. Deshalb auch jetzt die Einladung: sprechen Sie miteinander darüber in Freundeskreisen und Gruppen, in geistlichen Gemeinschaften, beim Dies. Schreiben Sie mir, oder sprechen Sie mich an, wenn wir uns treffen. Was uns zusammenhält und der uns zusammenhält, muß in unserem Gebet und in unserem Gespräch gegenwärtig bleiben!

Vielleicht gibt Ihnen dazu auch der Briefband Kardinal Döpfners Anregungen, wenn auch der letzte Brief darin bereits vor zwölf Jahren geschrieben wurde. Er wirkt auf mich wie ein Vermächtnis. Ich will meinen herzlichen Dank für Ihr Beten und Mühen, für Ihre Treue und Arbeit, für Ihre Opfer und Ihren Einsatz, für Ihren Glauben und Ihre Liebe mit den Worten ausdrücken, die als Überschrift über diesem letzten Brief Julius Döpfners stehen: »Habt Mut, glaubt miteinander!«

Herzlich mit Ihnen verbunden grüße ich Sie! Ich bitte um den Segen des Dreifaltigen Gottes und um die Fürsprache der lieben Muttergottes Maria, aller Heiligen, der Seligen Rupert Mayer und Ulrika Nisch für jeden von Ihnen und alle, die Ihnen anvertraut sind.

Ihr Bischof

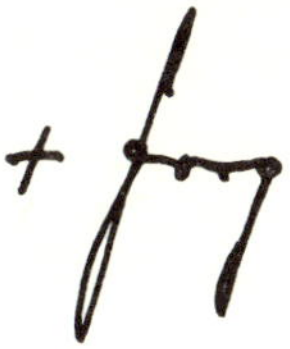

Rottenburg am Neckar, 19. März 1988,
dem vierzigsten Jahrestag meiner Priesterweihe